Inhalt

Pferdeträume

Nadine liegt auf ihrem Bett und träumt mit offenen Augen ihren Lieblingstraum: Sie reitet auf einer schokoladenbraunen Stute namens Ludmilla über die Felder. Ihre Haare wehen dabei im Wind.

Nadine liebt Pferde über alles. Jede Wand ihres Zimmers hat sie mit Pferdepostern zugeklebt. In sämtlichen Regalen stehen Pferdebücher dicht gedrängt.

Da ruft Mama zum Abendessen. Auch Papa ist heute früh genug heimgekommen. Sie essen zu dritt.

Nadine erzählt von der Schule. Im Diktat hat sie wieder nur einen Fehler gemacht. Dafür hat Nadine eine Eins minus bekommen. Ihre Eltern sind stolz auf sie. „Jetzt oder nie!", denkt sich Nadine.

„Wisst ihr, was ich mir zum Geburtstag wünsche?", fragt sie vorsichtig.

„Ein neues Fahrrad?", rät Mama.

„Inlineskates?", fragt Papa.

Nadine lächelt. „Ich habe nur einen Wunsch! Und sogar für Geburtstag und Weihnachten zusammen. Ich hätte sooo gerne ein Pferd. Wo ich doch im letzten Urlaub reiten gelernt habe."

Papa und Mama sehen sich an. Dann schüttelt Papa den Kopf:

„Ich habe es dir schon oft gesagt, Nadine. Wir haben keinen Stall, keine Wiese und obendrein auch kein Geld für ein Pferd und das Futter ..."

„... und die Tierarztrechnungen", ergänzt Mama.

Nadine stöhnt auf. Das hat sie schon viele, viele Male gehört. Immer das Gleiche. Aber sie wird nicht aufgeben. Irgendwann bekommt sie ein Pferd.

Mama und Papa haben das Thema gewechselt. „Nebenan zieht endlich jemand ein", erzählt Mama. „Die Hansens haben für den alten Hof Mieter gefunden."

Nadine ist einen Moment abgelenkt. Neue Mieter, das hört sich spannend an.

Bald schon lernt Nadine sie kennen. Sie heißen Olaf und Anne. Und sie haben einen kleinen Dackel. Nadine findet die drei wahnsinnig nett.

Den ganzen Sommer über renovieren Anne und Olaf das alte Haus. Es gibt mächtig viel zu tun. Und Nadine hilft mit. Dann muss sie nicht immer an die schokoladenbraune Stute denken.

Endlich sind die Umbauarbeiten beendet. Zur Einweihungsfeier laden Olaf und Anne Nadine und ihre Eltern ein. Es gibt Limo und Pizza. Alle amüsieren sich prächtig.

Plötzlich stößt Anne einen tiefen Seufzer aus.

„Was ist denn los, Anne?", erkundigt sich Olaf besorgt.

„In den letzten Tagen muss ich immer wieder an einen alten Traum denken, Olaf. Ein eigenes Pferd. Schließlich haben wir doch jetzt einen Stall und genügend Auslauf."

Nadine reißt überrascht die Augen auf. Doch Olaf ist dagegen: „Platz haben wir genug. Aber du hast doch viel zu wenig Zeit für ein Pferd, Anne. Bei deinem Beruf ...“

Aufgeregt ruft Nadine: „Aber Olaf, ich bin doch auch noch da! Hast du das vergessen?“

Mama und Papa sehen Nadine verständnislos an.

„Ich könnte das Pferd füttern und pflegen.“ Und ganz leise fügt sie hinzu: „Hin und wieder vielleicht auch darauf reiten, wenn Anne dabei ist.“

Olaf ist nicht überzeugt. Nadines Eltern sind nicht überzeugt. Und sogar Fiete, der Dackel, legt den Kopf schief.

Aber diesmal ist Nadine nicht allein mit ihrem Traum. Anne hat ihn auch. Und nur drei Wochen später zieht ein Pferd in den alten Stall ein.

Es heißt Ludmilla und ist schokoladenfarben. Auch wenn es weiße Schokolade ist, wenn Nadine ehrlich ist.

Die Hellseher

Kroningen ist ein winziger Ort. Hier kennt jeder jeden. Es gibt einen Bäcker, einen Metzger, zwei Lebensmittelläden und eine Bank. Dazu noch eine Grundschule und einen Kaugummiautomaten.

Du denkst, der Kaugummiautomat ist nicht wichtig? Oh doch! Zumindest für diese Geschichte. Und für Tabea.

Tabea schlendert allein durch die

Straßen von Kroningen. Es sind Sommerferien. Alle ihre Freundinnen sind verreist.

„Wenn nicht bald etwas Aufregendes
passiert, sterbe ich vor Langeweile", denkt
Tabea.

Sie biegt von der Austraße in den Post-
weg ein. Nanu, ein Junge kommt aus dem
Bäckerladen. Ein Junge, den Tabea nicht
kennt. Ob er hier wohl jemanden besucht?
Er schwingt sich auf sein Fahrrad und flitzt
davon.

„Schade!" Tabea seufzt. „Wäre ich nur früher gekommen."

Am nächsten Tag geht Tabea in eines der Lebensmittelgeschäfte.

„Guten Morgen, Tabea!", begrüßt sie die Kassiererin. Tabea sucht in den Regalen nach Milchreis.

Die Türglocke läutet. Ein Kunde hat den Laden verlassen.

Wenig später hat Tabea den Einkauf für ihre Mutter erledigt und geht zur Kasse. Draußen vor dem Laden sieht sie den Jungen von gestern. Er sieht nett aus. Ob sie ihn ansprechen soll?

Tabea bezahlt und geht hinaus. Der Junge ist weg. Ein Zettel liegt am Boden. Tabea hebt ihn auf und liest: „Lieber Mattis! Kannst du bitte einen Becher Sahne besorgen? Mami."

Tabea kennt keinen Mattis in Kroningen. Das muss der unbekannte Junge sein. Tabea schaut nach rechts und nach links. Aber der Junge ist verschwunden.

Auf dem Heimweg kommt Tabea am Kaugummiautomaten vorbei. Der durchsichtige Behälter ist mit Plastikeiern gefüllt. Jedes Ei enthält ein Knobelspiel mit Lösungszettel und einen Kaugummi. Tabea steckt ein Geldstück ein und dreht den Knopf. Der Automat hakt. Tabea probiert es noch einmal. Endlich kommt ein hellgrünes Ei herausgerutscht.

Tabea geht zum Spielplatz und setzt sich auf die Schaukel. Sie öffnet das Plastikei, steckt den Kaugummi in den Mund und beginnt zu knobeln. Doch wie sie die beiden Metallhaken auch dreht und wendet, sie kommt nicht auf den Trick.

Tabea zieht den Lösungszettel aus dem Plastikei. Erst jetzt entdeckt sie, dass sie nur eine Hälfte besitzt. Der Zettel ist durchgerissen. Der halbe Lösungsweg fehlt.

„So ein Mist!", schimpft sie laut vor sich hin. „Dann muss es eben so gehen." Tabea probiert es wieder und wieder.

Kurz darauf fährt der neue Junge mit seinem Fahrrad auf den Spielplatz. Er setzt sich auf die Schaukel neben Tabea.

„Kann ich dir vielleicht helfen?" Er streckt die Hand nach dem Knobelspiel aus. Tabea gibt ihm die Metallhaken und den halben Zettel. Der Junge lächelt, überkreuzt die Haken, dreht sie und löst die beiden Teile voneinander.

Tabea schaut den Jungen erstaunt an. „Wie hast du denn das gewusst?"

Grinsend antwortet der Junge: „Tja, vielleicht kann ich hellsehen?"

Tabea lacht: „Danke, Mattis!"

Nun schaut der Junge erstaunt. „Und woher kennst du meinen Namen?"

„Vielleicht kann ich auch hellsehen?", kichert Tabea.

Tabea wirft einen Blick auf Mattis' Gepäckträger, bevor sie weiterspricht:

„Und jetzt sollten wir deiner Mutter die Sahne bringen, bevor wir zusammen spielen. Einverstanden?"

„Einverstanden!"

Mädchen, Mädchen!

Geschafft!

Völlig abgehetzt erreicht Svenja gerade noch rechtzeitig die Haltestelle. Sie springt in den Bus und lässt sich erschöpft auf einen freien Fensterplatz fallen.

Heute ist Donnerstag. Svenja liebt diesen Tag. Weil Mama an diesem Tag arbeitet, muss sie nicht pünktlich zum Essen zu Hause sein. Deshalb ist sie jeden Donnerstag mit dem Klingeln aus dem Klassenzimmer und saust wie der Blitz zur Haltestelle. Nur wenn Svenja schnell genug ist, erreicht sie die Linie sieben. Die bringt sie direkt zur Autowerkstatt von Herrn Janzer.

Papa und Mama lassen ihr Auto viele Jahre bei ihm reparieren. Deshalb kennt Svenja Herrn Janzer schon lange. Seit fast vier Monaten verbringt sie jede Woche einen Nachmittag hier. Herr Janzer freut sich, wenn Svenja kommt, um ihm zu helfen.

„Hallo, Herr Janzer!" Svenja ruft und winkt schon von weitem.

„Hallo, Svenja! Gut, dass du da bist. Ich brauche dringend deine Hilfe."

Er streckt Svenja seine ölverschmierte Hand entgegen.

Herr Janzer deutet auf einen Wagen: „Ich habe heute eine Menge Arbeit. Da kann ich nicht irgendeinen dranlassen!"

Schnell zieht Svenja ihren blauen Arbeitsanzug an. Dann bekommt sie ihre erste Anweisung.

„Bei diesem Wagen ist der rechte Scheinwerfer defekt. Es liegt wohl an der Glühbirne. Kannst du dich darum kümmern und eine neue Birne einsetzen?"

Das ist für Svenja kein Problem. Sie weiß genau, wo die passenden Werkzeuge sind. Mit wenigen Handgriffen hat Svenja die Glühbirne ausgetauscht.

Herr Janzer ist zufrieden. Der Scheinwerfer funktioniert wieder. Lachend klopft er Svenja auf die Schulter: „Du hast in wenigen Wochen schon mehr gelernt als andere in einem ganzen Jahr. Du bist mein bester Lehrling!"

Tatsächlich kann Svenja schon den Reifendruck messen, den Ölstand prüfen, einen Luftfilter wechseln und sogar Scheinwerfer neu einstellen.

Herr Janzer fährt mit einem roten Jetta in die Werkstatt.

„Komm, Svenja. Hier müssen wir den Motor ausbauen."

Svenja ist sofort zur Stelle. Sie freut sich immer, wenn sie etwas Neues lernen kann.

Die Sache mit dem Motor dauert lange. Zwischendurch schiebt Herr Janzer seiner kleinen Helferin ein Salamibrot zu: „Wer viel arbeitet, muss auch essen." Dann beugen sich die beiden wieder über die Motorhaube.

Leider vergeht der Nachmittag auch heute viel zu schnell. Svenja muss zum Bus. Sie achtet darauf, dass sie immer vor Mama nach Hause kommt. So hat sie noch Zeit, ihre öligen Hände zu bürsten.

Dennoch wundert sich Papa beim Abendessen: „Svenja, ich verstehe nicht, wie deine Hände auf dem Spielplatz so dreckig werden können."

Svenja grinst. Wenn der wüsste ...

Am nächsten Morgen springt Papas Wagen nicht an. Immer wieder dreht er den Zündschlüssel. Nichts geht!

„Das ist bestimmt der Verteilerkopf", ruft Svenja vom Rücksitz.

„Papperlapapp", schimpft Papa und steigt aus. „Davon verstehst du nichts, mein kleines Mädchen. Ich rufe Herrn Janzer an."

Papa läuft ins Haus. Svenja wartet, bis

er verschwunden ist, dann springt sie aus
dem Auto und öffnet die Motorhaube.
Nach einem raschen Blick flitzt sie in die
Garage, um Werkzeug zu holen.

Als Papa zurückkommt, schimpft er:
„Svenja, was machst du an meinem
Motor?"

Svenjas Kopf taucht wieder auf. Sie hält
ein Kunststoffteil in der Hand. „Papa, holst
du bitte mal einen Föhn?"

Zehn Minuten später ist Herr Janzer zur Stelle. Leider zu spät. Denn Svenja hat sich der Sache angenommen. Der Verteilerkopf war beschlagen und musste ausgetrocknet werden.

Herr Janzer nickt Svenja anerkennend zu. „Gut gemacht!"

Papa ist verwirrt: „Lernt man so etwas heute in der Schule?"

Herr Janzer hat eine Erklärung: „Nein! Aber Ihre Tochter ist sehr begabt. Sie kennt sich aus mit Autos."

„Mädchen, Mädchen", sagt Papa zu Svenja und schüttelt erstaunt den Kopf. „Fast wie ein Junge."

Herr Janzer verbessert ihn: „Aber nein. Besser."

Er zwinkert Svenja unauffällig zu.

„Viel besser!"

Sarah und Schneewittchen

Die Schulglocke läutet zur Pause. Sarah geht allein über den Flur in Richtung Ausgang. Einige wilde Jungen aus ihrer Klasse rennen vorbei und drängen Sarah achtlos gegen das Treppengeländer.

Doch Sarah macht sich nicht viel daraus. Martin ist eben so. Und Stefan. Und die anderen auch. Sarah wird nicht ständig gehänselt und geärgert. Meistens wird sie einfach nicht beachtet. Auch nicht von den Mädchen.

Sarahs Klamotten sind nicht *der Hit*.
Sarahs Frisur ist nicht *trendy*. Sarah
selbst ist niemals *obercool*.

Sarah schaut an sich hinab. Ihre Kleider
bekommt sie von Tante Maren. Weil
Sarahs Eltern nicht viel verdienen, bringt
Tante Maren immer einen großen Sack
Kleider „für ihr liebes Mädchen" mit.

Sarah weiß nicht, woher Tante Maren
die Kleider bekommt. Aber die Pullis und
Hosen sehen steinalt aus.

Tante Maren ist meist ganz entzückt:
„Diese Karottenhose steht dir prima, mein
Schatz."

Und auch Mama sprüht vor
Begeisterung: „So ein sportliches Karo-
hemd, Sarahlein."

In diesem Aufzug wird Sarah nie dazu-
gehören. Mit diesen Klamotten wird sie
nur ausgelacht. Aber das traut sich Sarah
nicht zu sagen.

Wenn sie schöne Kleider hätte, würde
sie keiner auslachen. Oder übersehen.

Dann würde sie in die Schule kommen,
und alle würden rufen: „Schaut mal. Da ist
Sarah! Wie schön sie aussieht!"

Manchmal träumt Sarah. Dann lebt sie
als Prinzessin in einem fernen Land und
trägt wunderschöne Kleider und Schmuck.
Alle Prinzen bewundern sie.

In Wirklichkeit aber wird Sarah kaum beachtet. Auch nicht von Frau Maurer, ihrer Lehrerin. Obwohl die nett ist. Sie macht oft etwas Besonderes mit den Kindern.

Einmal verkündet Frau Maurer: „Beim großen Schulfest wollen wir ein Theaterstück aufführen. Wir spielen das Märchen ‚Schneewittchen'."

Alle sind begeistert. Und aufgeregt. Denn Frau Maurer entscheidet, wie die Rollen verteilt werden. Erst kommen die Zwerge an die Reihe. Dann die böse Königin. Und schließlich Schneewittchen. Frau Maurer fragt die Klasse: „Zu wem passt die Rolle wohl am besten?"

Die Kinder tuscheln und raten:

„Vielleicht Corinna?", meint Susanne.

„Nein, Sophia!", ruft Natalie.

Dann meldet sich Martin zu Wort: „Ich glaube, Sarah steht das Kostüm am besten. In meinem Märchenbuch sieht Schneewittchen genau so aus."

Stefan schließt sich Martin an: „Und den Text kann sie sich bestimmt gut merken!"

Frau Maurer meint: „Ich bin ganz eurer Meinung. Sarah soll Schneewittchen spielen."

Alle sehen zu Sarah, die ein wenig rot wird. Dann klatscht die ganze Klasse in die Hände.

Die Aufführung am Schulfest wird ein voller Erfolg. Sarah trägt ein elegantes Kleid mit vielen Rüschen. Es reicht fast bis zum Boden. Nur die hübschen roten Lackschuhe schauen noch hervor. Sarahs schwarze Haare hat sie mit einem goldenen Reif nach hinten gesteckt. Jeder in der Klasse sieht sie an. Und alle rufen: „Schaut mal, Sarah. Wie schön sie ist!"

Auch die Zuschauer sind ganz begeistert. Sarah erntet am Ende den lautesten Beifall. Ihre Augen glänzen. Sie lächelt stolz.

Der Vorhang fällt, und alle sprechen aufgeregt durcheinander. Da nimmt Martin den Spiegel zur Hand. Laut sagt er: „Spieglein, Spieglein an der Wand. Wer ist die Glücklichste im ganzen Land?"

Die Antwort kommt einstimmig und lauthals von allen: „Saraaaah!"

Mona Lisa

Mona und Lisa sind Freundinnen. Die besten Freundinnen auf der Welt. Sie machen alles gemeinsam. Wird Mona krank, erwischt es auch Lisa. Möchte Lisa reiten lernen, dann ist auch Mona wild drauf. Die beiden Mädchen sind ebenso unzertrennlich wie ihre Namen.

Monas Papa sagt zu ihnen nie „Mona und Lisa", sondern immer nur „Mona Lisa". Weil die beiden immer lächeln, wenn sie zusammen sind. „Genau wie die berühmte Mona Lisa auf dem weltbekannten Bild des Malers Leonardo da Vinci", sagt Papa.

Doch heute geschieht etwas Merk-würdiges.

Lisa schlägt auf dem Heimweg von der Schule vor: „Wir können die Haus-aufgaben bei uns machen und danach mit den Fahrrädern zu meiner Oma fahren. Sie backt wieder ihren leckeren Apfel-kuchen."

Aber Mona schüttelt den Kopf und sieht Lisa traurig an. „Fahr du allein. Ich mag nicht."

Monas Antwort haut Lisa beinahe von den Socken. „Aber Mona, was ist denn los? Mona? Mona!"

Doch Mona geht mit eiligen Schritten davon.

Lisa versteht die Welt nicht mehr.

Am nächsten Tag spricht Mona kaum ein Wort mit ihrer Freundin. Und nicht am übernächsten. Mona zieht sich mehr und mehr zurück. Ihre Laune wird täglich schlechter.

Doch so einfach gibt Lisa nicht auf. Sie versucht es noch einmal. „Nun komm schon, Mona, Mama lädt uns heute Mittag zum Eis ein. Wie wäre es mit Himbeer-Zitrone?"

Himbeer-Zitrone ist eigentlich ein Zauberwort für Mona. Mona ist richtig Himbeer-Zitrone-süchtig. Lisa wartet darauf, dass Mona einen Luftsprung macht, dann auf einem Bein im Kreis tanzt und dazu bellt wie ein wild gewordener Pudel. Das tut Mona immer, wenn sie „Himbeer-Zitrone" hört.

Doch heute knurrt sie giftig: „Himbeer-Zitrone, Himbeer-Zitrone. Du kannst mich mal!"

Jetzt reicht es auch Lisa. Tränen steigen

ihr in die Augen. „Blöde Ziege! Mach doch, was du willst. Ich esse mein Eis sowieso viel lieber allein."

Völlig aufgebracht rennt Lisa nach Hause. Beim Essen erzählt sie Mama und Papa von ihrem schrecklichen Streit mit Mona. Ihre Eltern sehen sich an. Mama nickt Papa zu, der Lisa in den Arm nimmt.

„Lisa, hat dir Mona nicht erzählt, dass sie bald umziehen wird? Ihr Papa hat in der Stadt eine neue Arbeitsstelle gefunden."

Lisa starrt ihren Papa ungläubig an. Das kann doch nicht sein! Oder vielleicht doch? Jetzt weiß Lisa endlich, was Mona bedrückt. Sie schiebt den Stuhl zurück und rennt hinaus.

Mit einem Ruck reißt sie die Haustür auf. Draußen regnet es in Strömen. Und vor ihr steht, patschnass:

„Mona!"

„Entschuldige, Lisa!"

„Es war meine Schuld, Mona."

„Nein, meine, Lisa."

Mona und Lisa stehen im Regen und umarmen sich, so fest sie können.
Sie wollen sich nicht mehr loslassen.
Mona Lisa nicht. Und Lisa Mona nicht.

„Du brauchst nicht zu glauben, dass du mich so einfach loswirst, nur weil du in die Stadt ziehst", lächelt Lisa.

„Du brauchst nicht zu glauben, dass du mich so einfach loswirst, nur weil du nicht mitkommst", grinst Mona.

Schließlich beginnen sie zu lachen. Sie laufen Arm in Arm durch den Regen.

Lisa fragt: „Mona, hast du Lust auf Himbeer-"

„-Zitrone? Und wie!"

Mona macht einen Luftsprung, tanzt auf einem Bein im Kreis und bellt wie ein wild gewordener Pudel.

Beide lachen. Wild und gefährlich. Zusammen.

Prima, Ballerina!

Franzi, Helen, Jasmin, Kim und Petra
kennen sich seit fast zwei Jahren. Sie
wohnen in unterschiedlichen Stadtteilen.
Und sie gehen in unterschiedliche
Schulen.

Dennoch haben die fünf etwas
gemeinsam: Jeden Mittwoch besuchen
sie den Ballettunterricht bei Frau Wal.

Die fünf Mädchen sind dicke
Freundinnen. Dabei sind sie so
verschieden! Franzi heißt eigentlich
Franziska und ist ein richtiger Wirbelwind.
Helen ist ein klein wenig dick und eher
gemütlich. Jasmin und Kim sind Zwillinge,
obwohl sie sich gar nicht ähnlich sind.

Und Petra? Sie ist das, was man sich unter einer echten Tänzerin vorstellt. Keine bewegt sich so anmutig wie sie.

Heute ist der letzte Tag vor den Sommerferien. In wenigen Wochen beginnt ein neuer Ballettkurs. Für alle steht fest, dass sie weitermachen wollen.

Nur Petra senkt traurig ihren Kopf. Sie erklärt den anderen: „Ich darf nicht mehr kommen. Jetzt, wo Mama nicht mehr arbeitet und Opa pflegt, müssen wir sparen."

Ihre Freundinnen sind empört: „Aber du bist doch die Beste von uns allen."

Petra zuckt mit den Schultern. „Die Entscheidung ist gefallen."

Doch die vier anderen sind nicht so schnell überzeugt.

„Vielleicht lässt dich Frau Wal kostenlos mitmachen, Petra?", schlägt Kim vor.

„Quatsch! Wenn sie das anfängt, will keiner mehr etwas bezahlen", meint Jasmin.

Franzi hat eine andere Idee: „Wir könnten sagen, dass wir ohne Petra auch nicht mehr weitermachen."

„Das ist Erpressung und keine Lösung!", erklärt Jasmin.

„Dann müssen wir das Geld eben verdienen!" Alle starren überrascht auf Helen.

Helen zögert. „Wir können in der Fußgängerzone tanzen. Ihr wisst schon, wie Straßenmusiker. Es ist doch für einen guten Zweck."

Franzi, Jasmin und Kim sind sofort begeistert. Nur Petra ist unsicher. „Sollen wir etwa mit dem Hut sammeln?"

Kim beruhigt Petra: „Es wird ja niemand gezwungen, Geld zu bezahlen."

So verabreden sich die fünf Freundinnen für den nächsten Nachmittag bei den Zwillingen zur Tanzprobe.

Jasmin kann es kaum abwarten. Sie empfängt die Freunde an der Haustür. „Was haltet ihr davon, wenn wir den Nussknacker vorführen? Unser Papa hat die Musik auf Kassette."

Alle sind einverstanden. Aus dem Nussknacker haben sie schon im Unterricht getanzt. Sie üben den ganzen Nachmittag. Und auch den nächsten. Endlich sind sie mit dem Ergebnis zufrieden.

Am Samstagmorgen treffen sie sich in der Fußgängerzone. Die Sonne scheint. Viele Leute bummeln durch die Stadt.

Erst wärmen sich die Mädchen mit einigen Übungen auf. Und dann geht es

los. Petra tanzt die Clara. Es sieht sehr
elegant aus. Mehr und mehr Menschen
bleiben stehen. Sie klatschen begeistert in
die Hände. Das Körbchen füllt sich mit
Geldstücken.

Eine halbe Stunde später beginnen die Mädchen von vorn. Wieder haben sie großen Erfolg. Erst um die Mittagszeit packen die Freundinnen ihre Sachen zusammen. Gespannt zählen sie das Geld, Münze für Münze. Sie können ihr Glück kaum fassen.

Petra wirbelt aufgeregt im Kreis herum. „Hurra! Es reicht! Wahnsinn!"

Tatsächlich haben sie genug Geld für

Petras Ballettkurs bekommen. Es ist sogar noch etwas übrig.

„Lasst uns zur Feier des Tages zusammen ein Eis essen gehen", schlägt Franzi ihren aufgeregten Freundinnen vor.

Kichernd ziehen sie in ihren Ballettröcken durch die Fußgängerzone. Wenig später sitzen fünf glücklich lächelnde Ballerinas in der Eisdiele. Vergnügt löffeln sie aus ihren riesigen Eisbechern.

So ein Angeber!

So wahr ich Kathrin heiße: Die Bande, die ich mit meinen Freunden gegründet habe, ist die tollste der ganzen Stadt. Wir treffen uns jeden Nachmittag nach den Hausaufgaben unter der alten Linde.

Dennis, Selma, Ina, Frank und ich verstehen uns prächtig. Wir waren schon im Kindergarten viel zusammen. Und das ist auch in der Schule so geblieben.

Neulich gingen wir zusammen zum Spielplatz. Am Tor stellten wir unsere Fahrräder ab. Den fremden Jungen auf dem Klettergerüst entdeckte ich zuerst. Neugierig rannte ich voraus. Die anderen folgten.

Mein Blick traf sich mit dem des fremden Jungen. Er winkte albern von oben herab.

„Hallo!"

Misstrauisch schauten meine Freunde und ich nach oben. Wer zum Teufel war das? Und was wollte er hier?

Der Junge rief: „Kommt doch hoch. Der Ausblick ist toll."

Als ob ich das nicht gewusst hätte. Schließlich turnte der Kerl auf *meinem* Lieblingsplatz herum.

Der Junge rief überheblich: „Oder traut ihr euch nicht?"

Ich flüsterte Frank ins Ohr: „Der sieht aus wie Mr Spock, mit seinen Segelfliegerohren." Wir kicherten beide.

„Schaut mal, was ich kann!", tönte es jetzt von oben. Langsam richtete der Junge sich auf und stand freihändig auf der obersten, schmalen Stange. Mit ausgestreckten Händen hielt er das Gleichgewicht.

Der Junge beugte sich vor. „Na? Das traut sich von euch keiner, oder?" Plötzlich verlor er die Balance, ruderte wild mit den Armen und plumpste vom Gerüst. Immerhin fiel er weich in den tiefen Sand.

Mir reichte es. So ein blöder Kerl! Ich winkte meinen Freunden: „Lasst uns abhauen."

Auf dem Weg zu unseren Rädern schüttelte Dennis den Kopf. „So ein Angeber!"

Ina pflichtete ihm bei: „Mit dem wollen wir nichts zu tun haben."

Wir anderen nickten zustimmend.

Am nächsten Tag brachte unser Klassenlehrer einen neuen Schüler in unsere Klasse.

Der Junge schaute schüchtern zu
Boden. Herr Hanke stellte den Neuen vor.
Er hieß Kai.

Ich staunte nicht schlecht, als ich ihn
erkannte. Dann lehnte ich mich nach
hinten. „Das ist doch der Angeber vom
Spielplatz!", flüsterte ich Selma zu.

Herr Hanke schob den Jungen
ausgerechnet auf den freien Platz neben
mir. Als Kai zum Tisch kam, funkelte ich
ihn finster an.

Der Junge zuckte zusammen. Schön, wenigstens schien er zu wissen, wen er vor sich hatte. Dann hörte ich die Worte des Lehrers: „Kai und Kathrin, ihr werdet euch sicher gut verstehen."

Herr Hanke hatte doch keine Ahnung ...

Ich drehte den Kopf und starrte zur Tafel. Ausgerechnet neben diesem blöden Hammel musste ich sitzen.

Zwei Stunden lang würdigten wir uns keines Blickes. Dann klingelte es zur großen Pause. Alle sprangen auf und flitzten hinaus. Nur Kai blieb sitzen, während ich noch mein Pausenbrot suchte. Endlich fand ich es. Schnell lief ich den anderen hinterher.

Doch draußen im Gang wartete eine böse Überraschung auf mich. Zwei große Jungs versperrten mir den Weg. Die beiden kannte ich. Sie machten sich oft einen Spaß daraus, die Jüngeren zu ärgern. Einer drückte mich gegen die Wand. Der andere drohte mir: „Gib uns deine Jacke, Kleine! Oder sollen wir sie uns nehmen?"

Ich schluckte. Ausgerechnet jetzt musste das passieren, wo die anderen aus der Bande schon auf dem Schulhof waren.

„Finger weg!", ertönte es da.

Ich schaute auf. Es war Kai, der plötzlich im Flur stand. Ungläubig sah ich ihn an. Der hatte vielleicht Mumm.

Die großen Jungs lachten Kai aus.

„Willst du uns vielleicht Angst einjagen, Kleiner?"

Kai sprach kein Wort. Aber seine großen Augen funkelten gefährlich.

Die beiden Jungs wechselten einen Blick. Hoffentlich taten sie Kai nichts.

Da kamen Dennis, Ina, Selma und Frank den Flur entlang. Der große Junge ließ mich los. Betont lässig sagte er: „Na, Kleine, wollen wir mal gnädig sein." Mit seinem Freund schlenderte er davon.

„Was war denn hier los?", fragte Frank.

Ich deutete auf Kai. „Zwei Große wollten mir die Jacke wegnehmen. Aber Kai hat mir geholfen."

Der Junge war schon in Ordnung, auch wenn er gerne ein wenig angab.

„Ich finde, wir sollten Kai in unsere Bande aufnehmen", schlug ich vor. „Der hat nämlich echt Mut!"

Ich zwinkerte Kai ganz unauffällig zu.

Kai lächelte. Dann zwinkerte er zurück.

Gerit Kopietz, Jahrgang 1963, war mehrere Jahre lang im erzieherischen Bereich tätig, bevor sie mit dem Schreiben begann. Seit 1998 publiziert sie zusammen mit ihrem Mann **Jörg Sommer**. Das Autorenteam ist in Fachkreisen bekannt für innovative pädagogische Ratgeber. Mittlerweile schreiben sie vor allem Erzählungen und Sachbücher für Kinder und Jugendliche.

Die Kopietz-Sommers leben auf einem ehemaligen Bauernhof im Schwäbischen.

Susanne Schulte, geboren 1966, studierte in Münster Grafik-Design. Bereits während ihrer Ausbildung hat sie für verschiedene Verlage Kinder- und Jugendbücher illustriert. Seit 1999 ist sie freiberuflich tätig und arbeitet in einem kleinen Atelier.

Leselöwen

Jede Geschichte ein neues Abenteuer